BASTARD!!

DER GOTT DER ZERSTÖRUNG

Band 4

DAS HEER DER SCHATTEN
DIE ENTSCHEIDUNG

KAZUSHI HAGIWARA

CARLSEN COMICS

Unsere Helden

Tia Noto Yoko

Prinzessin Sheela

Dark Schneider

Ashes Ney

Gala

WAS BISHER GESCHAH...

In dem Jungen Luzi Renren, der zusammen mit Yoko, der Tochter des
Oberpriesters von Metallicana, aufgezogen wurde, ist der legendäre
Magier Dark Schneider mit einem Siegel eingeschlossen. Als
Metallicana von gefährlichen Magiern angegriffen wird, befreit
Yoko Dark Schneider und rettet so das Königreich.
Gala, einer der Vier Rebellischen Reiter, will Dark Schneider töten,
schlägt sich aber nach einer Niederlage auf dessen Seite. Ashes Ney
hat ihre Getreuen, Sheen Hari und Kay Han beauftragt, Dark
Schneider zu töten, aber beide verlieren ihr Herz an ihn.
Dark Schneider verwandelt sich zurück in Luzi, nachdem er zuviel Magie
verbraucht hat. Er trifft Yoko wieder, die aber gleich von einem weiteren
Schergen von Ashes Ney, Dai Amon, gefangen wird. Aus Zorn gelingt es
dem mächtigen Magier, sich selbst von dem Siegel zu befreien, Dai
Amon zu besiegen und ihn unter seine Kontrolle zu bringen.

DIE ENTSCHEIDUNG

1. Kapitel
Das Heer der Schatten 28: **Entscheidung** 5

2. Kapitel
Das Heer der Schatten 29: **Donnergott** 25

3. Kapitel
Das Heer der Schatten 30: **Ankunft** 45

4. Kapitel
Das Heer der Schatten 31: **Schicksal** 65

5. Kapitel
Das Heer der Schatten 32: **Prophezeiung** 85

6. Kapitel
Das Heer der Schatten 33: **Flehen** 105

7. Kapitel
Das Heer der Schatten 34: **Flug** 125

8. Kapitel
Das Heer der Schatten 35: **Herr und Diener** 145

9. Kapitel
Das Heer der Schatten 36: **Leben und Tod** 165

10. Kapitel
Das Heer der Schatten 37: **Vergangenheit** 185

ICH WEISS. MACH SCHON!

... WIRD DIESER NA- GEL ERST LILA, DANN ROT UND DANN ...

DON6!

WIE DU WEISST, IST DIES EIN ALTER UND MÄCHTIGER ZAUBER.

FALLS DU DARK SCHNEIDER NICHT BE- SIEGST UND ÜBERLÄUFST ...

FFFFT

JIIIIIIIIIIIIIIIIIIIIIIIII!

DANN REICH MIR DEINEN RECH- TEN ZEIGE- FINGER.

... UND DIE- SEM NAGEL SCHLIESSEN WIR EINEN PAKT!

JIIIIIIII!/!

KIOBUS BRATARO! KÖNIG DER FINSTERNIS ... MIT DIESER FLEDERMAUS- HAUT ...

ENTSCHEIDUNG

UNGH!

ACCUSED!

DENK IMMER DARAN, WENN DU DIESEN BLAUEN NAGEL SIEHST.

DIE ZEREMONIE IST BEENDET! VERGISS ES NIEMALS!

SCHLUSS MIT DEM GEREDE!

WÄRE AUCH SCHADE, WENN DU EINE KRÖTE WÜRDEST ...

PAH! ICH TÖTE DARK SCHNEIDER UND GALA AUCH OHNE DIESES DING!

DAS HEER DER SCHATTEN 28 ENTSCHEIDUNG

WAR DAS NÖTIG, ABIGAIL? MEINST DU, NEY WÜRDE UNS VERRATEN?

FUSCH

STIMMT.

SIE WAR 100 JAHRE MIT IHM ZUSAMMEN. SIE STEHT IHM NÄHER ALS UNS.

DIESE HALBELFE LIEBT DARK SCHNEIDER WIE IHREN VATER ...

DER DARK SCHNEIDER, DEN ICH KANNTE, VERNICHTETE SEINE FEINDE UND WAR GRAUSAM GEGEN SEINE UNTERGEBENEN.

ICH VERSTEHE ES NICHT.

KAL, WAS HÄLTST DU VON DARK SCHNEIDERS VERHALTEN?

ALS WÄRE ER IN DEN LETZTEN 15 JAHREN EIN ANDERER GEWORDEN!

WIESO SCHLIESST ER FREUNDSCHAFT MIT GALA UND NEYS LEUTEN, ANSTATT SIE ZU TÖTEN?

KRACK

...WAS HAT DICH IN DIESEN 15 JAHREN SO VERÄNDERT ?

DU WARST MEIN FREUND UND LEHRER ...

EINS JEDOCH IST SICHER, KAL!

POCK!

WENN ER UNS AUFHALTEN WILL, IST ER UNSER FEIND!

FÜR DIE WIEDER-ERWECKUNG DER ANTHRAX UND FÜR UNSERE IDEALE WELT!

ER MUSS UNBEDINGT VERNICHTET WERDEN!

UND ER IST GEFÄHR-LICH!

SCHAO! SCHA!

SCHAO!

SHA

UNBE-DINGT!

WIR BRAUCHEN DIE RESTLI-CHEN DREI SIEGEL SCHNELL!

SIEH NUR, KAL SU!

DIE ERSTE PHASE DER AUFER-STEHUNG DER ANTHRAX IST BEENDET.

UND WIR MÜSSEN DIE MACHT UNSERER ARMEE AUS-WEITEN!

FUUUH

DARK SCHNEIDER UND NEY SIND ZWAR IN-TERESSANT, DÜRFEN ABER UNSEREN PLAN NICHT GE-FÄHRDEN.

HA, HA, HA!

KAL, DU WUSSTEST, WIE MAN NEY NEHMEN MUSS...

WÄHREND NEY MIT DARK SCHNEIDER KÄMPFT, HOLEN WIR DIE SIEGEL DER BEIDEN KÖNIGREICHE.

WOFF!

WENN SICH DIE BEIDEN MIT MAGIE DUELLIEREN...

..LÖSCHEN SIE SICH GEGENSEITIG AUS!

TAP TAP TAP TAP

FALLS NEY UNS BETRÜGT, ERLEDIGT DER FLUCH SIE FÜR UNS.

UND WENN DARK SCHNEIDER SIE RETTEN WILL, STIRBT ER AUCH!

DAS IST EIN GEFÄHRLICHES SPIEL...

WIR BEIDE!

ABIGAIL!

...

KAL SU!

WIR PROFITIEREN AUF JEDEN FALL!

ASHES NEY

YOKO! WIR KÖNNEN ABFAHREN!

HÜÜ

DIE HABEN ÜBERLEBT!

FROT FROT

WAS MACHST DU FÜR EIN GESICHT? SCHADE UM DEN HÜBSCHEN ANBLICK!

...

DANKE!

PASS AUF DICH AUF, SHEEN!

AH!

BIS ZUM KANTO-TEMPEL IST ES NICHT EIN-MAL EIN HALBER TAG...

MACH'S GUT!

BEI RICHTI-GER BEHAND-LUNG IM TEMPEL IST KAY BALD GESUND!

ABER ES IST AUCH NICHT WEIT VON DER FRONT, ALSO PASS AUF!

FROT FROT

DANKE, TIA NOTO YOKO...

...

...VON DEN VIER REITERN IST ASHES NEY, DIE DONNERGÖTTIN, DIE STÄRKSTE!

VER-GISS DAS NICHT!

TADAP

DU HAST DEN VAMPIR DAI AMON BESIEGT, ABER...

UND DU, DARK SCHNEI-DER...

GRINS

BITTE KÜMMERE DICH UM ASHES NEY!

DARK SCHNEIDER!

SIE IST FAST SO SÜSS WIE YOKO!

DODOM

PUH!

DODOM

Ganz rot, der Kleine!

KLAPPER KLAPPER

JA, BITTE!

WHAH!

KÖNNEN WIR FAHREN?

ER HAT NICHT EINMAL MEINEN NAMEN GESAGT!

KLIPP!

KLAPP!

...

SIE IST HÜBSCH, DARK SCHNEIDER!

...

ICH HEBE DICH!

ABER VERGISS MICH DENNOCH NICHT!

KLIP KLAP

23

DONNERGOTT

DAS HEER DER SCHATTEN ㉙ DONNERGOTT

ZIIING!

UNGH!

WIIIZ

WAS HAST DU DA FÜR EIN INTERESSANTES DING?

SO ETWAS SEHE ICH ZUM ERSTEN MAL.

PUH

ERSTAUNLICH, DASS MURASAME DEM DONNERSCHWERT WIDERSTEHT.

ZZZZ

ZZZ

DAS SCHWERT DES DONNERGOTTES!

DAS LEGENDÄRE MAGISCHE SCHWERT!

SEHT! DAS DONNERSCHWERT!

29

POFF!

ES IST EINE LEGENDE UNTER DEN LEGENDEN...

ABER ES EXISTIERT WIRKLICH!

DIESES SCHWERT KANN BERGE SPALTEN!

DAS NIMMT ES MIT DEM FEUER-SCHWERT AUF!

WER WILL SCHON EINEN BERG SPALTEN?!

OHNE MURASAME HÄTTE SIE MICH ZERTEILT!

WOW! SIE FLIEGT!

PAH!

IDIOT! ICH ZEIGE DIR, WAS ES KANN!

SHAK

SHAK

WURF-
MES-
SER!

PTUI!

!!

KRACK!

TSSS

HE,HE!

ER HAT
GESEHEN,
WIE ICH'
...

SO KANNST
DU MICH BE-
NICHT BE-
SIEGEN!

DOIING!

DAS WAR FAST ZU EINFACH ...

WYBURN GEGEN DEN GRYPHON EINZUSETZEN! SUPER, GALA

ER HAT ES GESCHAFFT!

SKRITSCH

EINE TÄUSCHUNG!

FIIIUU

WAS?!

VERDAMMT!

SK... RI

AAAH

34

BROM

WAS IST DENN DAS?

AAH!

BROM

ØRRGLL!

...

BAMMM

FFIIIIOOOOOSSS

ICH WERDE DARK SCHNEIDER DAS FÜRCHTEN LEHREN! HA, HA!

MIT DIESEM SCHWERT BIN ICH UNBESIEGBAR!

DIE ...

...DIE BRÜCKE MIT DEM SCHWERT

GALA!

TRÄUM ICH?

HI, HI!

EINE SCHRECKLICHE KRAFT, NICHT WAHR?

GENIAL! DIE KRAFT DEINES SCHWERTES IST EINFACH TOLL!

ICH BIN SIEBEN!

GALA GALA GALA

HA, HA, HA, HA!

WAS?

WAS SOLL DAS?

GALA!

WEL- CHER IST ECHT?

OH!

WAS ZUM HENKER...!

Ein lahmer Manga-Held, oder?

DA SIND SIE- BEN!

SO VIELE MEISTER GALA!

HAST DU NICHT BEMERKT, DASS DU NUR EINS MEINER DOUBLES GETÖTET HAST?

ARGH!

DAS IST DIE NINJAKUNST DER SIEBENTEILUNG!

DU BIST EISKALT... U HAST DICH VERÄNDERT...

KRATZ

FRÜHER HAST DU DARK SCHNEIDER GELIEBT, JETZT WILLST DU SEINEN KOPF...

DAS IST EINE SELTSAME METHODE!

MEISTER GALA SPRENGT SEINE RÜSTUNG!

CLANC

ARMOR SPLIT!

ES GEHT WIRKLICH UM LEBEN UND TOD!

WAS ?!

HA, HA, HA!

GRRRROOO!

MIT DEM NÄCHSTEN SCHLAG SCHICKE ICH DICH ZUR HÖLLE

GUT, DASS DU DIE RÜSTUNG ABLEGST!

ER ZIEHT SEIN NINJA-SCHWERT!!

ASHES NEY! SCHWERTMEISTERIN DER VIER REITER, ICH WERDE DICH MIT MEINEM TODESSCHLAG EHREN!

Das sieht ja doof aus!

DAS IST GALAS GEHEIMER TODES-SCHLAG!

OH... DAS IST...

HM...

WER IST DER ECHTE?

WAS WIRD DENN DAS

SCHLAG ZU!

DAS IST DAS ENDE DER DONNER-GÖTTIN!

GALA HAT DAS ZAUBERSCHWERT GEGEN DARK SCHNEIDER EIN-ARMIG GEFÜHRT. ABER JETZT IST ES PERFEKT!

DIESER TIEFE TON! DAS IST DER SONIC BEAM!!

ABER GALA KANN NICHT SECHS- MAL DAS ZAUBERSCHWERT ERZEUGEN !

DIE SIEBEN- TEILUNG WIRD DURCH HOHE GE- SCHWINDIGKEIT ERREICHT. ER IST SCHNELLER ALS SEIN SCHAT- TEN !

WEL- CHES IST ES?

!!

DAA!!!

SKRI!!

DU HAST VERLOREN, ZAUBER- SCHWERT!!

WAS?

49

VRAOM! VRAOM! OOOH!

MEISTER GALAS ZAUBERSCHWERT IST...

UNGH

HALT!

ATTACKIERT VON SECHS GLEICHEN SCHWERTERN! EIN SUPER SCHLAG... UNGLAUBLICH!

WAS? DAS DONNERSCHWERT BRICHT?!

ZIIP

KRACKS

ARGH!!

AAAAH!

POFF

HM...

PAFF PAFF

DAS SCHWERT DER DONNER-GÖTTIN!

UNGH

ES IST ZERBRO-CHEN!

OH! SEHT DOCH!!

!!

BLAM

HA, HA, HA, HA, HA!

ICH HAB GEWONNEN, WAS? DU WILLST DOCH NICHT MIT EINEM ZERBROCHENEN SCHWERT KÄMPFEN?

ICH HATTE SCHON ANGST, DASS ICH EINE VON DARK SCHNEIDERS FRAUEN TÖTEN MUSS!

DAS ZAUBERSCHWERT IST EINE FURCHTBARE WAFFE.

DAS DONNERSCHWERT IST ZERSTÖRT.

NA SO WAS!

UNGLAUBLICH!

GALA HAT NEY GESCHLAGEN!

MIT 2000 NINJA UND MEISTER GALA HABEN WIR DIE 20 000 ANGREIFER VERTRIEBEN!

JAAAAAA

GESCHAFFT!!

MEISTER GALA HAT DEN FEIND GESCHLAGEN!

WIR HABEN ES GESCHAFFT, PRINZESSIN SHEELA!

HA! HO!

JAAAAAAAA!!

...

PFF!

WENN DAS STIMMT ...

...

AUCH IHN...

AUCH WENN DU DA EIN MÄCHTIGES SCHWERT HAST...

DU STEHST UNS IM WEG!

DU WEDELST VOR DARK SCHNEIDER UND DER KÖNIGSFAMILIE MIT DEM SCHWANZ.

ASHES NEY! MICH INTERESSIERT EURE IDEALE WELT NICHT!

MICH ...

HI, HI!

DU TROTTEL!

MIST-KERL!!

SKR!

MICH INTERESSIERT DAS ALLES NICHT, KLAR?!

HAHA...

IRR-SINN!

WAS? NEY WILL WEITERKÄMPFEN?

TAI TO LAU!!

FLAP

OOOOH! DAS SIND...!

BAMM

...MAGISCHE BLITZE?!!

AAAH!

DAS KANN NICHT SEIN!

HE! WAS IST DAS?

KLANG

DAS IST SEIN GEHEIMNIS, DAS BERGE SPALTEN KANN!

TSS

YAA!!

DAS DONNER-SCHWERT HAT KEINE NORMALE KLINGE!

OOH! MEISTER GALA!

AAH!!

EIN NORMALES SCHWERT HAT DAGEGEN KEINE CHANCE.

VERSTANDEN? DER BLITZ IST DIE KLINGE, DIE BERGE SPALTEN KANN...

WARTE! JETZT WILL ICH MEINEN SPASS!

PAM

WUNG

DAS DONNER-SCHWERT HAT MURASAME GLATT DURCH-SCHLAGEN!

WIRKLICH FIES GEWORDEN!

DIE KLEINE IST...

NEU BEI LODD

PLATZ

HI HI HI

WIR SIND UMGEZOGEN. ES IST GERÄUMIG! ES IST RUHIG!

DANK EUCH ALLEN

ANGEBER, NUR DER NAME KLINGT GUT!

2. STOCK

WO-NACH STINKT ES HIER?

ALLES BETON

ERSTE ETAGE.

HO HO HO

DA IST DER PLATZ FÜR SCHLAFENDE PSYCHOS...

KLASSE, UNTER DEM TISCH ZU SCHLAFEN

OH, SCHON WIEDER DEADLINE!

ZU HILFE!

Halt's Maul! (Takahashi

MEISTER GALA!

AAAH!

KLING

ZU HILFE!

DARK SCHNEIDER!

SSSSS!

!

HÄH?

SCHICKSAL

DU BIST ES!

DIE BRÜCKE ZERSTÖRT MIT EINEM SCHLAG! WAS FÜR EINE KRAFT!

ER IST ES, DER
SCHÖNSTE ALLER
HELDEN, DARK
SCHNEIDER
!!

DAS HEER DER SCHATTEN ③①

SCHICKSAL

Kal Su: Er war früher Dark Schneiders Schüler. Er ist der Anführer der Vier Apokalyptischen Reiter und es ist sein Plan, die Göttin der Zerstörung wieder zu erwecken.

Abigail: Ein Priester, der mit der Erweckung der bösen Göttin beschäftigt ist. Einer der Vier Apokalyptischen Reiter.

Sheen Hari: Eine Vertraute Neys. Bei einem Kampf mit Dark verliebt sie sich in ihn und trennt sich von Ney.

Ashes Ney: Eine Magierin, Kind eines Dunkelelfen und eines Menschen, einzige Frau unter den Apokalyptischen Reitern. Haßliebe zu Dark Schneider.

Kay Han: Getreue Neys. Wegen Vampirbisses in Behandlung. Waffenstillstand mit Dark Schneider.

Das Ninjaheer: Galas treue Truppe. Unschlagbare Reiter.

Gala: Ninjameister; einer der Vier Reiter; Meister des mysteriösen Schwertes Murasame; nach Niederlage gegen Dark Abkehr von den Vier Reitern.

Dai Amon
zu eng hier

Tio Noto Soto: Oberpriester; hat früher mit Razu Dark Schneider bekämpft; Vater von Yoko.

Der König: Razus u. Sheelas Vater; wurde im Kampf verletzt.

Die Minister: Alles Heulsusen.

Sheela: Prinzessin Metallicanas; auch in Dark Sch. verknallt; wegen Verletzung des Vaters regiert sie zur Zeit das Land; erst süße 17.

GROOOOOoo

OHNE BRÜCKE KOMMT NIEMAND ZUM TOR!

ABER NEIN...

ER HAT IM FLUG DIE BRÜCKE ZERSTÖRT!

O NEIN! DIE PLAGE METALLICANAS!

UND ER HAT AUF EINEN STREICH HUNDERTE FEINDE BESIEGT!

ABER WIR HABEN IMMER NOCH DIESEN FLUCH AM HALS.

HOFFENTLICH SIND ALLE NINJAS ENTKOMMEN.

NA JA, WENN MAN ES SO SIEHT...

ÄH...

UND WANN HAST DU DAS IM GRIFF?

BOAH! SCHWEBEN IST MEIN NEUER TRICK. ICH MUSS NUR NOCH ETWAS ÜBEN.

EIN TYP ZUM FÜRCHTEN!

WUSCH

HE, DARK SCHNEIDER! WILLST DU MICH UMBRINGEN?

GLUB

DARK SCHNEIDER!

SSK... RRI" UNGH

LOTSCH!! UAAH!

IDIOT! KEINE EXPERIMENTE MIT MIR! KLAR?! NACHHER MACH ICH DICH KALT!

WAS MACHST DU DA UNTEN?

HA, HA, HA! ICH WOLLTE MAL WAS AUSPROBIEREN.

PFF ...

WAS IST, ASHES? WARUM SIEHST DU MICH SO BÖSE AN?

SCHON WIEDER EINE NEUE FRAU...

WIE FRÜHER.

DIESE FRAU IST... ASHES NEY? DARK SCHNEIDERS GELIEBTE?

NA SUPER!

ICH HABE AUF DICH GEWARTET, WÄHREND DU DICH VERGNÜGT HAST.

GENAU WIE FRÜHER ...DU HAST DICH NICHT VERÄNDERT...

!!

ASHES!

ABER DAMIT IST JETZT SCHLUSS!

SEIT DEINER AUFERSTEHUNG QUÄLST DU MICH WIEDER, DARK SCHNEIDER.

WO?

WAS?

ICH MACHE DEM EIN ENDE!

VER-SCHWUNDEN! WO IST ER HIN?

ZAP

VER-
DAMMT
!

LASS
LOS!

AAAAH!

!!

ASHES
!

AH!!

GNN

WILLST
DU MICH
IMMER NOCH
TÖTEN?

JA!!
ICH VER-
NICHTE DICH
ENDGÜLTIG!
LASS LOS
!

WARUM WILLST DU DAS TUN?

SO HABE ICH DICH NICHT ERZOGEN!

BOM AAAH!

DODOM!! DODOM!

ICH LIEBE DICH DOCH...

MMH

HAPS

ODER?

UAAH!

AAH! ICH STERBE!

LASS DAS!

PANG PANG PANG HA HA

DAS MAGST DU DOCH. ICH WEISS, WO DU KITZLIG BIST!

NEIN... NICHT...

HM...

AAAH!

MIT SHEEN UND KAY UND DIESER ANDE-REN HAST DU DASSELBE GETAN.

DICH LIEBE ICH AM MEISTEN.

WIR WAREN 100 JAHRE ZUSAM-MEN.

UN-SINN!

UND ICH KREPIERE HIER!

GNN!

DASH...

DASHU
...

AH!

AH!

...VERFÄRBT
SICH DER
NAGEL VON
BLAU ZU LILA
...

DER
ZAUBER
ÜBERWACHT
DICH.
WENN SICH DEIN
HERZ DARK SCHNEI-
DER ZU-
NEIGT...

KRSS
KRSS

PASS
GUT AUF,
ASHES
NEY
!

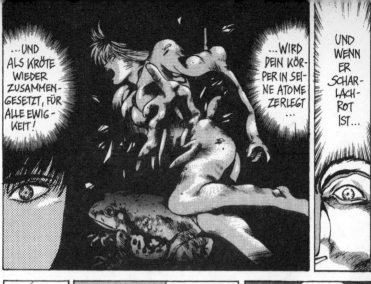

...UND ALS KRÖTE WIEDER ZUSAMMEN-GESETZT, FÜR ALLE EWIG-KEIT!

...WIRD DEIN KÖR-PER IN SEI-NE ATOME ZERLEGT...

UND WENN ER SCHAR-LACH-ROT IST...

ASHES!

SKRIII

SCHWEIN! ICH HABE DIR DAS NICHT ERLAUBT!

GRR

ICH WILL DAS NICHT!

TAP!

OOH!

WAS IST, ASHES?

FLAP! FLAP!

ICH STELLE DAS HEER NEU AUF UND KOMME WIEDER!

DAS WIRD DEIN ENDE UND METALLICANAS UNTERGANG SEIN!!

FLAP!

WAS IST MIT IHR?

...

UNSER LAND IST GE- RETTET!

HI HI HI

PRINZESSIN! DER FEIND ZIEHT SICH ZURÜCK!

DIESE FRAU...

...

TSCHACK

...UND JETZT LEGST DU MIR STEINE IN DEN WEG!

DU HAST MICH LIEBEVOLL ERZOGEN...

UND DESHALB WERDE ICH DICH TÖTEN !!

ABER IHR SEID SEHR LE- BENDIG!

HE! PASS AUF!

EIN NORMALER MENSCH WÄRE DA- RAN GESTOR- BEN!

BAMM!

VER- DAMMT!

SCHEIS- SE!

AUA! AUA! AUTSCH!

HAST DU NICHT GEGEN EINE FRAU GEKÄMPFT?

ZUM GLÜCK LEBT IHR!

WAS HAST DU DENN GEMACHT?

OH MANN, HALT'S MAUL!

NICHT NUR IM SCHWERTKAMPF...

DARK SCHNEIDER, UNTERSCHÄTZE NEY NICHT! SIE IST VIEL STÄRKER ALS VOR 15 JAHREN!

DU MEINST DIESES HIGH-ANCIENT-ZEUG?

MACH DIR KEINE SORGEN, WERDE ERST MAL GESUND.

»SEHR GUT KENNST«?

...

AUCH WENN DU SIE SEHR GUT KENNST, WIRD SIE DICH MIT IHRER MAGIE ERLEDIGEN!

PROPHEZEIUNG

BITTE NICHT DRÄNGELN, ES IST GENUG DA!

-POCK-

BLA BLA

BLA

BLA

PLITSCH

PLITSCH

HAB'S DIR DOCH GESAGT.

WAS?

MAMPF MAMPF

KRUNSCH

UFF! GANZ SCHÖN STRESSIG!

OH! FRÄULEIN YOKO!

IN DER BURG HERRSCHT INDES REGES TREIBEN. DIE MAUERN WERDEN REPARIERT, METALLICANA RÜSTET ZUM KAMPF.

ASHES NEY HAT SICH ZURÜCKGEZOGEN, UM IHR HEER FÜR EINEN NEUEN ANGRIFF ZU SAMMELN.

DABEI KANN EINE PRIESTERIN NICHT VIEL TUN, ABER AUCH ICH MACHE MICH NÜTZLICH.

DAS HEER DER SCHATTEN ③② PROPHEZEIUNG

DAFÜR GIBT ES EINEN ZU- SCHLAG!

ICH MUSS NACHHER WACHE SCHIE- BEN.

KRATZ

IHR SCHAFFT DAS! ♡

NACH DEM ESSEN MUSS ICH GLEICH WIEDER AN DER WAND ARBEITEN.

AUCH ICH HABE MEIN LEBEN RISKIERT, YOKO.

ES GEHT SCHON. ALLE ARBEITEN TAG UND NACHT.

SEID IHR NICHT MÜDE, YOKO?

BITTE!

PLATSCH

YOKO, BITTE NOCH ETWAS FLEISCH!

...

GRINS

PLATSCH

BANG! BANG!

BUÄH! BUÄH!

SEI STILL! DIE ANDEREN WARTEN AUCH!

WAS? IST DAS ALLES?

VRUNSCH SCHLÜRF SCHMATZ

SCHNELL ESSEN, DANN STELL ICH MICH NOCH MAL AN!

...

WARUM HAT SIE SO SCHLECHTE LAUNE?

WAS IST LOS?

Er ist fast wieder luzi ...

...

PLOTSCH

WED WED

SO
...

SETZ DICH EINEN MOMENT!

BOM

SO EINE MAGIE GIBT'S DOCH NICHT

?

SIE LIEBEN DICH ZWAR, ABER

ICH WOLLTE EIGENTLICH NICHTS SAGEN ...

AUA!

...DU BIST GE- MEIN ZU DEN FRAU- EN!

BAAH!

HÄH?

UM GLEICH DER NÄCHS-TEN DAS HERZ ZU BRECHEN!

GRR

FALSCH UND VERLOGEN REDEST DU VON LIEBE!

DAS REICHT JETZT!

Es ist zwar ein Manga, aber...

NA? BIST DU BELEIDIGT? WENN DU WAS ZU SAGEN HAST, SAG'S!

HI, HI!

PRUST

STIMMT GAR NICHT!

SCHMATZ KRUNSCH

...

91

PARF!

DU BIST NOCH JUNG-FRAU! DAS RIECHT GUT! ICH MAG DICH! ♡

WEDELWEDEL

SCHWANZ

DRECKS-KERL!

PENG

...

POOIIng!

DU BIST WIDER-LICH!

TAPP! TAPP!

DIESER IDIOT!

...

HM ...

AUA AUA!

BOAH!

YOKO IST SAU-ER!

WILLST DU HIER WURZELN SCHLA-GEN?

DECKEL

ZAFF

... ES HÖRT SICHER BALD AUF.

SOLANGE ES SO REGNET, GREIFEN SIE NICHT AN, ABER ...

PLATSCH

...WIE ES UM DARK SCHNEIDERS SIEGEL STEHT.

PPSSSSSSSSSSS

ALTE, WAS ICH HEUTE WISSEN WILL, KANN ICH NUR DICH FRAGEN!

DU ALS SEHERIN DER KÖNIGLICHEN FAMILIE, SAG MIR ...

SEHERIN, VON DIESEM MANN HÄNGT DAS SCHICKSAL UNSERES LANDES AB.

HA, HA, HA!

ICH BIN 40 UND SIE NENNT MICH IMMER NOCH KLEINER!

EINE BITTE DES OBERPRIESTERS UND DER PRINZESSIN KANN ICH NICHT ABSCHLAGEN.

ICH HABE JA VERSTANDEN, PRINZESSIN.

HM, DER KLEINE TIO IST GROSS GEWORDEN.

WILLST DU WIE ER VOR 15 JAHREN MEINE KRAFT LEIHEN?

Danke, Oma!

ZZZZ

ERSTAUNLICHERWEISE HAT DARK SCHNEIDER...

UND ZWEIMAL HAT ER ALS LUZI RENREN GEZAUBERT!

DAS SIEGEL DARK SCHNEIDERS WURDE DURCH YOKO UND SHEELA DREIMAL GEBROCHEN.

95

...BEIM KAMPF GEGEN EINEN VAMPIR...

DIESER DÜSTERE MAGIER IST NOCH STÄRKER ALS VOR FÜNFZEHN JAHREN...

...DAS SIEGEL AUS EIGENER KRAFT GEBROCHEN!

ABER MIT SEINER BÖSEN KRAFT KANN ER DAS HEILIGE SIEGEL NICHT GANZ BRECHEN!

ICH BIN NICHT MEHR KLEIN!

...WENN ER SELBST SEIN SIEGEL LÖST, DAS ICH UND DER KLEINE IHM DAMALS VERPASST HABEN.

DA... DAS IST...

!

BRZL

SEHT IN DIE KRISTALLKUGEL!

SO IST ES, DIESE BLAUEN STRAHLEN ZEIGEN UNS DEN ZUSTAND DES HEILIGEN SIEGELS.

SSSSST

...DIE LIEBE ERWACHT SEIN SOLL.

UNGLAUB-LICH, DASS IM HERZEN DIESES GRAUSAMEN UND MÖRDERISCHEN TEUFELS...

ER LIEBT YOKO!!

FIUU

HUMPF

WAS IST DAS?!

WA...

BSSSS

BSS

OOOH!

!?

WIIIIZZZ

DA IST NOCH ET-WAS AN-DERES...

SKRII

... STIRBT DER- JENIGE SOFORT!

WENN EINER VON BEIDEN NACH- LÄSST ...

FRÜHER WAR ER GNADEN- LOS, ABER ER HAT SICH VERÄNDERT ...

DODOMDODOM

AUSSER- DEM WAR NEY 100 JAHRE MIT DARK SCHNEIDER ZUSAM- MEN!

DIE NETTE SEITE AN IHM IST VIEL INTERES- SANTER ...

HM...

TAPTAP TAPTAP TOP

ICH MUSS WAS ER- LEDIGEN!

KRATZ KRATZ...

EINEN MOMENT MAL !!

OH!

KAAA !

DARK SCHNEIDER MUSS VIELLEICHT STERBEN !

SO WAS ...

!!

WOA!

WAAH

UNS BLEIBEN EIN, ZWEI TAGE AR- BEIT!

SCHSCHSCH

ABER BEI DEM UNWETTER KANN DER FEIND NICHT ANGREIFEN!

MAN SIEHT ÜBER- HAUPT NICHTS BEI DEM STURM!

KRACK

GRR!

WUFF

SSCHHH

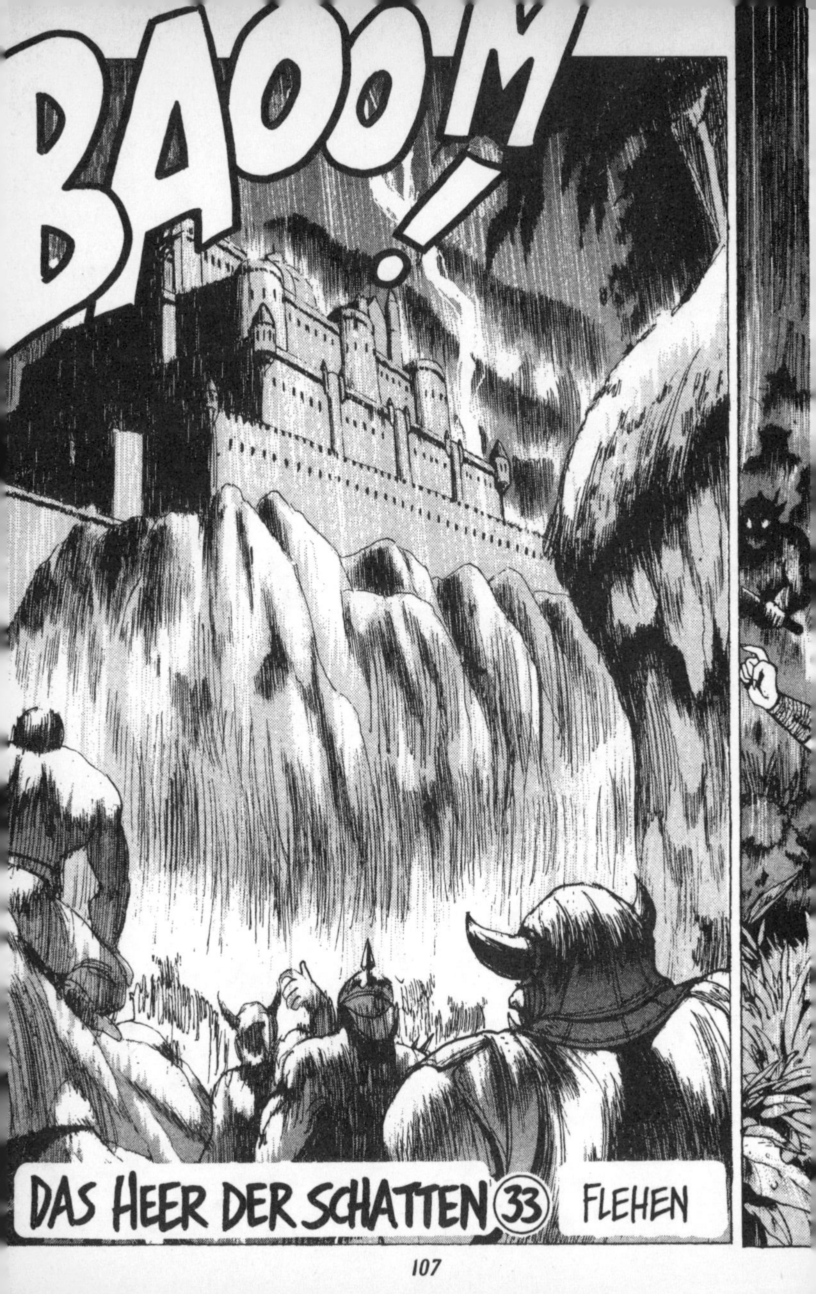
BAOOM!
DAS HEER DER SCHATTEN 33
FLEHEN

GLAUBST DU WIRKLICH DIESER ALTEN UND IHREM KRISTALL?

HA, HA, HA! UNSINN, SHEELA!!

NÄCHTLICHER BE...

POPP!

DAS IST DOCH NUR EIN VORWAND FÜR EINEN HEIMLICHEN NÄCHTLICHEN BESUCH!

ABER DAS IST EIN BÖSES OMEN! SIE HAT MEISTENS RECHT!

SIE UND DER OBERPRIESTER HABEN MICH DAMALS MIT DEM SIEGEL BELEGT!

HE HE HE!

DASS DIESE ALTE IMMER NOCH LEBT...

WIE KÖNNT IHR EUCH MIT IHR DUELLIEREN?

...ODER EURE GELIEBTE GEWESEN IST!

DARK SCHNEIDER, MAN SAGT, DASS ASHES NEY EURE TOCHTER ...ÄH...

...

108

GIBT ES DENN KEINEN WEG, DIESEN KAMPF ZU VERMEIDEN?

SHEELA IST DOCH NICHT ETWA...

ZISCH ZISCH

NEIN, NICHTS!

ASHES NEYS HERZ RAST VOR WUT. DIESEN KAMPF KANN NIEMAND VERHINDERN!

DAS IST WILDER HASS!

ZWII

SCHAU IN DEN WIRBEL DER KUGEL...

JA.

DA... DAS IST...

IHR HABT DIESES LAND SCHON MEHRMALS GERETTET ...

AH!

DODOM

IHR HABT UNS GALA GE-SCHICKT, NICHT WAHR?

ICH GLAUBE DAS NICHT!

DIE MINISTER GLAUBEN, DASS IHR ETWAS PLANT.

...

...DASS IHR FÜR METALLICANA EUER BLUT VERGIESST.

ABER ICH WILL NICHT ERLEBEN ...

!

...

ÄHEM ...

BRR

WAS?

UNSINN! HABT IHR DAS WIRKLICH GEGLAUBT?

FÜR DIESES LAND? WHOAH! HA, HA!

ICH KÄMPFE NICHT FÜR EUCH! ICH WILL MEINE TRUPPEN ZURÜCK!!

AAAH

ICH HAB'S DOCH SCHON GESAGT! ICH WILL DIE WELT UNTERWERFEN!

...

?

UAH!

ÖRGL

HÖR ZU, SHEELA!

FIEP

NIEMAND WIRD DIE WELT OHNE MEINE ERLAUBNIS EROBERN!

GEHT DAS WIEDER LOS!

BEDANKT EUCH NICHT BEI MIR!

WUMM

SEI ES KAL, ABIGAIL ODER ANTHRAX!

ICH WERDE SIE VERNICHTEN!

WAS SAGST DU DA?!

ALS OB NEY SCHON IN DER NÄHE DES SCHLOSSES WÄRE!

UNMÖGLICH! DIE KUGEL REAGIERT NICHT NORMAL!

UNSINN! BEI DIESEM STURM!

WAS SOLL DAS?

AAH

FLAP

ABER ICH WOLLTE DOCH NUR...

ICH ZEIG'S DIR.

WESWEGEN BIST DU SONST NACHTS IN MEIN ZIMMER GEKOMMEN?

Sheelas Kostüm ist von Ito, Danke ♡!

AH! NICHT!!

GUTEN APPETIT! ♡

BAMM!

117

DA! EIN DRA-CHE!!!

OOH! DAS IST ...

DER DRA-CHE?

DER DONNER-DRACHE IST GE-KOMMEN!

ER KOMMT VON DEN DÄMONEN BLUT SOLL MIT BLUT GEWASCHEN WERDEN!

DEINE PLÄNE... DAS WOHL DER WELT KÜMMERT DICH NICHT ...

OOH...

AAH!

...

JETZT BEGEHRST DU MICH UND ICH GEBE MICH HIN...

...

DOCH WENN DU GEHST, WIRST DU STER- BEN...

WAS SOLL DAS DENN?

Da ist ja ein leeres Panel übrig!

SHEELA IST IN DARK SCHNEIDER ...

ALSO WIRK- LICH...

Wenn es dich stört, zeichne was rein!   119

DEE BOOM STEEN !

DONNERSCHWERT, STEH AUF! GIB MIR DEINE KRAFT!

AN DIE GEISTER DER ERDE UND DES HIMMELS !

FIEP! FIEP!

!!

ALSO!

WENN ICH KEINE PRINZESSIN, SONDERN IRGENDEINE FRAU WÄRE...

120

ICH KANN NICHT MEINEN LIEBSTEN IN SEINEN SICHEREN TOD SCHICKEN.

DA...

ERFÜLLE DEINE PFLICHT AUS DEM ALTEN VERTRAG!

AUA!!

HAPS!!

JETZT!!

ZAP

TSCHING

VER-DAMMT, DAS IST...

HÄH?

DIE GEISTER DES HIMMELS UND DER ERDE SIND IN AUFRUHR.

HA, HA!
IHR SOLLT
ALLE KRE-
PIEREN!

DOOAR!!

BABABABABAB
FLUG

WAR DAS NICHT IMMER DARK SCHNEIDERS SPRUCH ?!

DIESE VERWÜSTUNG! DAS WAR EIN MEGA-DEATH!

OOOH!

WAMS

... NEY JETZT ...?!

KANN ETWA ...

EIN ERDBEBEN, EIN GEWITTER-STURM UND AUS-SERDEM IST DIE NINJABURG EXPLODIERT.

HE! WAS WAR DAS ?!

PAFF

BROOM!

HA, HA! UNSERE CLEVERE NEY !!

DER GRABEN IST MIT SCHUTT GE-FÜLLT!

VER-DAMMT! WO KOM-MEN DIE ...

OOOOH!! ATTACKE !!

128

FIUU!

WAS HAT DAS ZU BE- DEUTEN ?

DAS SCHLOSS IST... IST ...

WUSCH!!

HM!

DAS WIRD ZU VIEL.

KANNST DU DEN BANN- KREIS NICHT AUSWEITEN ?

FIUU

DARK SCHNEI- DER, SIE HAT ANDERE KRÄF- TE ALS VOR 15 JAHREN !

MEGA- DEATH IST GAR NICHT DER STIL DER DONNERGÖT- TIN ...

ASHES NEY, DIE DONNER- GÖTTIN DER VIER REITER, IST FAST SO STARK WIE IHR !

DENKT DARAN !

OH!

PASS AUF, DARK SCHNEI- DER, DA KOMMT WAS !

KIIII

FUUUMPP!

NICHT! DARK SCHNEI-DER!

WENN DU GEHST, WIRST DU STER-BEN!

DARK SCHNEIDER, VIELLEICHT ...

...KOMMST DU NICHT WIEDER ?!

FSSS

FSH

FSSSS

FSH

FSSSS

SEUFZ

WILLST DU WIRKLICH DIE BEKÄMPFEN, DIE DEINE TOCHTER UND GELIEBTE WAR?

SO WAS ...

ICH... ICH...

FSSS FSSS

YOKO!

LU...

LEIH MIR 500 YEN !

Die Währung in Metallicana ist Yen.

134

FU KOO!

BOAH! EIN FLUG-ZAUBER!

POFF

REI BON!!

BAMM!

ZZZIIIIINN...NN66!

JI ERIO FI ARE! GIB MIR DIE KRAF DER ALTEN MYSTERIEN!!

NIMM DAS!!

DU KENNST NICHT ALLE GEHEIMNISSE DER HIGH-AN- CIENT-MAGIE!

WAS IST DAS FÜR EIN SPRUCH?!

BAMM!

DEF LEPPARD!!

WAS?!

138

DEINE GANZE MAGIE IST NUTZLOS!

DIESE DONNER- KUGEL SCHLUCKT DIE MAGIE, DIE SIE UM- GIBT!

PSSSSCH!

UUAHH!

ICH FALLE!!

JIIIIIII!!!

SO... SO EINE SCHWEI- NEREI!!!

AH! DARK SCHNEI- DER!

GRR!!

OHNE DEINE MAGIE BIST DU KEIN GEGNER FÜR DAS DONNER- SCHWERT.

WACK!

WEIL NEY DIE MAGIE AUSSCHAL- TETE, MÜSSEN SIE MIT SCHWER- TERN KÄMP- FEN!

AUA

AUTSCH

WENN SIE VON OBEN MIT DEM DONNER- SCHWERT AN- GREIFT, IST SIE IM VORTEIL!

BLAM

WOOOF!

GUNS ROSES !!!

WAS
IST
DAS?

BROM

!!

IDIOT!
HAST DU NICHT
BEGRIFFEN,
DASS ES SINN-
LOS IST?!
STIRB!!

SLARI

T T T T

DRACHEN-ATTACKE !!!

VER-DAMMT, ICH SITZE IN DER SCHEISSE !

Erbärmlich !

DARK SCHNEI-DER !!

142

JETZT IST SCHLUSS!

WENN ER WENIGSTENS DAS FEUERSCHWERT HÄTTE!

UND ICH KANN NICHTS MACHEN!

DAS KANN EFREET, WÄCHTER DES FEUERSCHWERTES, NICHT DULDEN!

MEISTERIN DES DONNERSCHWERTES! DU HAST MEINEN HERRN VERLETZT!

AAARRGH...!

SSSSSTTT! BRSS

WAS?

DAS HEER DER SCHATTEN ③⑤

HERR UND DIENER

SEHT DOCH! EF-REET WIRD ZU EINEM SCHWERT!!

OH! DAS IST...

DAS FEUER-SCHWERT!!!

STTT... ACK!

FUAAH

HM...

...

PSSSSCHH

EINEN SCHRITT WEITER UND...

TSS... ZU DUMM!

PAFF!

JETZT ABER! HIER KOMMT DER DRACHEN- SCHLAG!

ASHES !!

AAAH! BAMM JAA!

TSCHACK UAAH!

OOOH?!

SLAM!

HE! DARK SCHNEIDER!

SUPER! ER HAT DEN GRYPHON GESPALTEN!

WAS FÜR EINE KRAFT!

PAAO!

KRACK

!?

HA, HA!

SIE HAT DAS GERÜST ZERSTÖRT. DIESES DONNER-SCHWERT IST UN-GLAUB-LICH!

BOBOBOBOBOB

BROOOO
BROOOO

KA AA

(SPATSCH)

MIT EFREET HAST DU WIEDER MAL GLÜCK GEHABT.

DU HAST ALSO DAS FEUER-SCHWERT, DARK SCHNEIDER?

TAP

ROOAA

ABER EFREET IST DEM DONNERWESEN NUE MEINES SCHWERTES UNTERLEGEN!!

NUE: Ein legendäres Geisterwesen. Es hat den Kopf eines Affen, den Körper eines Dachses, die Pfoten eines Tigers. Sein Schwanz ist eine Schlange und sein Schrei der einer Chimäre. Er hat die Macht, Sturm und Donner zu rufen und ist ausgesprochen selten.

KAA

DARK SCHNEI-DER!

LUZI!

NA TOLL. UND JETZT KOMM!

WAS? FEUER-SCHWERT UND DONNERSCHWERT KÄMPFEN GEGENEINAN-DER?

SEHT DOCH! BEIDE MAGI-SCHEN SCHWER-TER SCHLEUDERN FEUER UND BLITZE!

ALSO IST NUE DER WÄCHTER DES DONNER-SCHWERTES!

WIE-SO?

DUMM-KOPF!

OHNE DEN GRYPHON SIND DARK SCHNEIDER UND NEY DOCH GLEICH STARK, ODER?!

MEISTER GALA! DAS FEUER-SCHWERT IST FÜNFMAL STÄRKER ALS DAS DONNER-SCHWERT!

FALSCH...

WARUM? IST DAS FEUER-SCHWERT DEM DONNERSCHWERT UNTERLEGEN?

DARK SCHNEIDER IST IM NACH-TEIL!

SIE KÄMPFEN BEIDE OHNE MAGIE.

VIELLEICHT IST ES SOGAR STÄRKER ALS DAS DONNER-SCHWERT...

BAA AA!

IM SCHWERT-KAMPF IST ER DER ERFAHRE-NEN SCHWERT-MEISTERIN NEY UNTER-LEGEN!

GANZ EINFACH! DARK SCHNEIDER IST EIN MAGIER!

ALSO?

BEI DER KRAFT DIESER SCHWERTER WIRD DER KAMPF ...

OB DARK SCHNEIDER DAS AUCH WEISS

OH! ALLES IST IN FLAMMEN UND BLITZE GETAUCHT

KSSSIII

...MIT EINEM SCHLAG ENTSCHIEDEN SEIN!

LUZI!

ICH HABE EINE BÖSE AH-NUNG...

DAS IST DAS MAXIMUM! GEHEN BEIDE JETZT IN DEN KAMPF?

DODOM

FFT

DODOM

DODOM DODOM

NUM?

DODOM

HA

FFT

!!

DODOM!

NUN ?!

ASHES
...

ARGH!

ICH TÖTE DICH, DARK SCHNEI-DER!

DU HAST MICH ALS EINZIGER AUF DIESER WELT BE-SIEGT.

DARK SCHNEI-DER! DU BIST KLUG UND DUM GRAUSAM UND ZÄRTLICH ZU-GLEICH.

GROOOO

...ABER DIESE WELT BRAUCHT DICH NOCH!

DU BIST LEICHT-SINNIG...

IDIOT! WAS MACHST DU DA?

WAS?

MIAUU

AAU!

GRRRR

UNGH ...

HE! WARTE!!

LEB-WOHL!

BEI MEINER EHRE! DAS DONNERSCHWERT BESIEGT MICH NICHT!

LOS, NUE!

DIE WANDLUNGEN DER ANTHRAX

DER SCHRECK-LICHE ENGEL
Phase 4. Komori hat Anthrax und die Monster gut getroffen. Gesicht: Hagiwara, Körper: Komori, Raster: Yaden.

ANTHRAX MIT OFFENEN AUGEN
Neues vom Team Kadoi.

DER ENGEL DER FINSTERNIS
2. Phase fast beendet. Von Hagiwara.

ANTHRAX V. TSURATA
Fast süß mit den halb geöffneten Lippen.

DER GR. BRUDER?
Welche Phase? Eingesandt von einem Leser. Erinnert an Robocop. Design v. Kaneshiro.

BÖSES GESICHT DER ANTHRAX.
Design von Iwamaru.

1. GESICHT
Design von Hagiwara, Zeichnung v. Yaden, mit einem Lächeln.

CRA... K...

ER IST MIT DEM DONNER-SCHWERT IN DIE DONNER-KUGEL...

VER-DAMMT!

SKRIII"

DIESER...

WAS FÜR EINE BLÖDE AKTION!

DIESER AFFE!

VORSICHT, DARK SCHNEIDER!

!!

!

TSCHACK

HAST DU VERGESSEN, DASS WIR KÄMPFEN?

HA!

...

FÜR ALLES, WAS DU MIR ANGETAN HAST!

AllIIEEH

BOOM

!!

LEBEN UND TOD

ICH HABE DARK SCHNEIDER GETÖTET!

GE-WON-NEN!

ICH MUSS DICH TÖTEN !!

DU BIST NICHT MEHR MEINE TOCHTER !

AAH

SO GEHT ES NICHT !!

HUCH !

JETZT SIND SIE WIRKLICH GLEICH STARK, ODER ?

SO IST ES. UND NACH DER VERNICHTUNG DER DONNERKUGEL...

... KÖNNTE DER WÄCHTER EFREET WIEDERKEHREN.

OOOOHHH!

IST ER UNSTERBLICH ?

UNGLAUBLICH! NEY MUSS SEIN GEHIRN GETROFFEN HABEN STATT IHN ZU TÖTEN !

169

...WENN NUR EINER EINEN FEHLER MACHT, SIND BEIDE DRAN!

BEI EINEM MAGISCHEN DUELL SIND SIE GLEICH STARK, ABER...

HM!

...ABER EINEN ZAUBERSPRUCH KANN MAN NICHT ZURÜCKHOLEN!

EIN SCHWERT KANN MAN ZURÜCKZIEHEN...

...ALS VATER GESEHEN!

ICH HABE DICH NIE...

ÄH

WAS HEISST HIER »TOCHTER«! LASS LOS!

SEHR GUT!

ICH MUSS BESSER SEIN!

WIR SIND GLEICH...

NICHT SCHLECHT! DEINE SCHLÄGE SIND SO STARK WIE MEINE! DAS IST MIR SEIT 15 JAHREN NICHT PASSIERT!

DA BEIDE DEN SELBEN SPRUCH BEHERRSCHEN, WIRD DER SCHNELLERE GEWINNEN!

SEI WACHSAM UND SCHNELL!

ZORF!

BRAI BRAI BRAINDEAD!

HE!

!

OH! DIESER FLUCH!

WAS? DARK SCHNEIDER GREIFT ZUERST AN!

DARK SCHNEIDER! WILLST DU NEY WIRKLICH TÖTEN?!

EXO-DUS!!

MIT DIESEM FEUER-SPRUCH HAT ER EFREET UNTER-WORFEN!

WISS SS!

FOLGT DEM BLUTPAKT! KOMMT HERBEI AUS ABADON!

TRÄUM WEITER, DARK SCHNEI-DER!

DU WILLST MICH MIT DIESEM FEUERSPRUCH BESIEGEN?

FOLGT DEM BLUTPAKT! KOMMT HERBEI AUS ABADON!

BRAI BRAI BRAIN-DEAD!

WOO SCH!

PAW

ASHES ...

VERGANGENHEIT

WAWAWAWAWA!!

!!

ALLES
IN
TRÜM-
MERN!

DOOM!!

185

!!

VOR-
SICHT,
DARK
SCHNEI-
DER!

BOOOMM

DAS HEER DER SCHATTEN (37)

VERGANGEN-
HEIT

IDIOT! PASS DOCH AUF!

WAAAAAAA

...UND SEIN EXODUS WIRD ZU LANGSAM UND ZU SCHWACH!

EIN KURZES ZÖGERN UND ER VERLIERT DIE KONTROLLE ÜBER DEN SPRUCH...

HÖRT AUF! IN EUREM ZUSTAND IST ES SINNLOS!

MEISTER GALA!

TSCHAK

DARK SCHNEIDER! STIRB NICHT! ICH KOMME!

MEISTER GALA!

AAAH

DARK SCHNEIDER!

HH

NARR! BEI EINEM KAMPF AUF LEBEN UND TOD SENTIMENTAL WERDEN!

IST DAS WIRKLICH DARK SCHNEIDER?

SWIIIIFF

...

ALLES WIRD GUT!

PRIN-ZESSIN SHEELA...

DARK SCHNEI-DER...

AAAH!

ICH HAB DIR 500 YEN GELIEHEN, DARK SCHNEIDER!

ABER... ABER ICH...

DIE ORKS STÜRMEN HERAN! DAS IST DAS ENDE VON METALLICANA!

BUHU

BUÄH!

BITTE, LUZI!

ICH HAB DIR DOCH BEIGEBRACHT, DASS MAN GELIEHENES GELD ZURÜCKGEBEN MUSS.

BOO!! RK

STEH AUF!

WAS?!

HÄH?!

PÁFF

KAA!! OOOH!!

WAMM!! GROO!

ZAFF!

ICH BIN DARK SCHNEIDER, DER ULTIMATIVE HELD! ICH RUFE DIE UNSTERBLICHEN! ENTFACHT DIE HÖLLENFEUER!

Verstehe ich nicht ...

IST DAS ZU VIEL FÜR EUCH? SCHLAPPER HAUFEN!

BOAH! UNGLAUBLICH!!

FIEP, FIEP!

... IST DAS NOCH GAR NICHTS! HA, HA!

FÜR MICH, DEN VON DEN GÖTTERN AUSERWÄHLTEN, SCHÖNSTEN HELDEN ...

DARK SCHNEIDER!!

DARK SCHNEIDER!

MEIN FAN-CLUB ...

GANZ TOLL, DARK SCHNEIDER!

ER HAT DEN EXODUS ABSORBIERT.

DER IDIOT! GANZ SCHÖN ANGESCHLAGEN!!

WUSCH!

HA

FÜR UNSERE IDEALE WELT!

ABER JETZT REICHT'S! DU BIST AM ENDE! ICH WERDE DICH TÖTEN!

WA... WAS?!

HUCH!

VERGISS ES! DU KANNST MICH NICHT TÖTEN!

ASHES!!

ZAM MM

ICH KANN NICHT? ICH WERD'S DIR ZEIGEN!

ICH LIEBE DICH !!!

GILBERT !!

SLAM

TOLL, WAS?

UAAAH! WAS IST DAS?!

NEY HAT DIE ELEMENTARGEISTER DES WINDES GERUFEN!

ELEMENTARGEISTER!

ZAAOOFF!!

PAFF!!

KIII KIII!

195

Elementargeister sind Dämonen aus Feuer, Erde, Wasser und Luft. Um sie zu rufen, ist hohe Magie nötig (Efreet ist ein Elementargeist des Feuers). Wer einen solchen Geist befehligt, ist so gut wie unbesiegbar. Die Kontrolle erfordert höchste Konzentration. Gleichzeitig zu kämpfen ist unmöglich.

Es gibt sie wirklich...

ELEMENTARGEISTER! VERNICHTET DARK SCHNEIDER!

WENN DIE KONTROLLE NACHLÄSST, GREIFEN DIESE GEISTER DEN MAGIER AN.

ADABSUN! UNSTERBLICHES FEUER! SEI MIR ZU DIENSTEN!

WOOOOF

DIESE GEISTER ZU RUFEN IST RISKANT.

WHARRRR

DA FORA!

GRRRRR RRRRR!

FLOOSCH!

Der Salamander: Es gibt unzählige Feuerwesen, vom niedrigsten bis zu den mächtigen, wie Efreet. Der Salamander kommt gleich nach Efreet, was seine Kraft angeht. Er lebt im Feuer und hat einen hitzeresistenten Speer als Waffe.

DER SALAMANDER! KLAR, EINEN ELEMENTAR BEKÄMPFT MAN MIT EINEM ELEMENTAR.

OH! DARK SCHNEIDER AUCH...

SEHT DOCH! DIE GEISTER FANGEN AN ZU KÄMPFEN!

OB DAS GUT GEHT?

NORMALER-WEISE IST ES UNMÖGLICH, MEHRERE GEISTER ZU KONTROLLIE-REN!

ZASCH

HÖR AUF, ASHEE! HAST DU NOCH NICHT GENUG?

NENN MICH NICHT »ASHEE« !!

ZARRR

BOM

ARG

SH A!

TSS!

OOOH!

WAS SOLL DIESE IDEALE WELT SCHON SEIN?

BLEIB DA!!

FLOP!!

DAS IST NUR EIN TRICK VON KAL. ER WILL DIE WELT BEHERRSCHEN!

HALT!

BINGO!

OHH!

DAS MUSST *DU* SAGEN! DER ALLES GETAN HAT, UM EINEN HAREM ZU HABEN!

ZOOF!

STATT SINN-LOSE KRIEGE ZU FÜHREN, IST DIESER TRAUM ES WERT, DAS LEBEN ZU RISKIEREN.

DIE IDEALE WELT IST DAS REICH DER MAGIE, WO ES KEINE UNTERDRÜCKUNG, KEINEN HUNGER UND KEINEN KRIEG GIBT.

WAS VERSTEHST DU SCHON DAVON?

WIE WILLST DU EWIGEN FRIEDEN SCHAFFEN?

UNSINN! KRIEG UND HASS LIEGEN IN DER NATUR DES MENSCHEN!

WIR WERDEN OFFEN VERACHTET UND AUSGESTOSSEN. VON KLEIN AUF WURDE ICH NUR VERLETZT ...

DA...

HA HA!

ICH WURDE ALS HALBELFE IN DEN SCHRECKEN DES KRIEGES GEBOREN. SOWOHL DIE MENSCHEN ALS AUCH DIE ELFEN LEHNTEN MICH AB.

PSSSSSSS

...IM STICH GELASSEN!

...HAT MICH AUCH DER STAMM DER DUNKELELFEN, DER MICH AUFGENOMMEN HATTE...

UND ALS DER KRIEG MIT DEN WALDELFEN BEGANN...

ZZISSCH

ASHES ...

EINE SINN-LOSE SUCHE.

TAGELANG SUCHTE ICH AUF DEN VERBRANNTEN FELDERN NACH MEINEN FREUNDEN ...

BUM BUM

... ABER MEIN STAMM WAR OHNE MICH WEITER-GEZO-GEN.

DAM!

IIAH!

...VON DA AN HAST DU 100 JAH-RE LANG...

ASHES! WEISST DU NOCH... AN DIESEM TAG HAST DU NACH MEINEM CAPE GEGRIF-FEN UND...

...DEINEN FRIEDEN BEI MIR GEFUN-DEN.

DAS HEER DER SCHATTEN   ENDE VON BAND 4

CARLSEN COMICS
1 2 3 4 5   03 02 01 00
Deutsche Ausgabe/German Edition
© Carlsen Verlag • Hamburg 2000
Aus dem Japanischen von
Christine Roedel
BASTARD!! • Volume 4
Copyright © 1989 by Kazushi
Hagiwara • All rights reserved
First published in Japan in 1989 by
SHUEISHA Inc., Tokyo • German
translation rights arranged by
SHUEISHA Inc. through
Tuttle-Mori Agency, Inc.
Textbearbeitung: Jutta Harms
Redaktion: Aranka Schindler
Lettering: Gerhard Förster
Herstellung: Stefan Haupt
Druck und buchbinderische
Verarbeitung: Norhaven A/S
(Viborg/Dänemark) • Alle
deutschen Rechte vorbehalten
ISBN 3-551-74534-X
Printed in Denmark

http://www.carlsencomics.de

FAN PAGE

闇の反逆軍団編「決意」

folgen in allem der japanischen Originalausgabe. In Japan sind die Jugendschutzbestimmungen härter als in Deutschland, du verpasst also nicht mehr als die Japaner.

Stephanie Namiß,
Frankfurt

Hi Carlsen Verlag Team!
Ich heisse Jana und bin 14 Jahre alt. Erst vor kurzem bin ich durch meine Freundin auf »Bastard!!« aufmerksam geworden. Natürlich habe ich auch ein paar Fragen an euch:

I. Wie viele Bände wirde es von »Bastard!!« noch geben?
2. Gibt es Dark Schneider in lebensecht zu bestellen? (Er ist ja sooooo süß!)
3. Stimmt es, dass Ashes Ney von einem Fluch belegt ist?
4. Wen liebt eigentlich Dark Schneider richtig (Ist es Yoko oder Sheela oder Ashes Ney...)
5. Warum beißt Dark Schneider Sheela ins Bein (Band 2)?
Tschau sagt euer größter Fan Jana!!!

Liebe Jana,
I. Von »Bastard!!« sind bis jetzt 21 Bände in japanischer Originalausgabe erschienen und die Serie ist noch nicht abgeschlossen. Dark Schneider wird also so lange die Serie in Japan läuft bei uns sein.
2. Nein, leider nicht, schön wär's!
3. Das erfährst du schon in diesem Band. Es handelt sich dabei um den Fluch der blauen Kralle.
4. Das weiß nur Dark Schneider selbst! Aber es ist ja bekannt, dass er ein ziemlicher Frauenheld ist...
5. Vielleicht um sie zu ärgern, weil sie frech war. :-)

Eure »Bastard!!« Redaktion

yoko ♡

Sandra Diedrich (14),
Potsdam

BASTARD!!

__Willkommen auf der »Bastard!! Fan Page«!__

Wir sind an eurer Meinung interessiert. Also, schreibt uns, wie euch dieser Manga gefällt und schickt uns Zeichnungen von Dark Schneider, Yoko, Ashes Ney und den anderen Helden. Die Adresse lautet: Carlsen Comics, »Bastard!! Fan Page«, Postfach 500380, 22703 Hamburg. Bitte legt, wenn ihr Antwort haben wollt, Rückporto bei. Danke!

__Leserpost__

Hi Carlsen Comics Crew!
Mein Name ist Martina, ich bin 20 Jahre alt und muss euch ein ganz dickes Lob dafür aussprechen, dass ihr »Bastard!!« herausbringt. Dieser Manga hat alles was man sich nur wünschen kann: Action, Witz, Erotik, und, und, und. Übrigens Erotik: Die Aussage von Gala, was er alles mit Yoko angestellt hätte (2. Band) wurde ja mit den berühmten X-en überdeckt. Ist das im Original auch so, oder musste das nur für die deutsche Ausgabe so gemacht werden (Jugendschutz und so weiter)? Kann es den deutschen Lesern passieren, dass, sollten die erotischen Seiten deutlicher und heftiger werden, diese geschnitten oder zensiert werden? (Hoffentlich nicht!) In diesem Sinne ein dickes Lob an euch, macht weiter so und bringt noch viele neue Mangas raus.
Eure treue Leserin
Martina Müller aus Heinrichsthal

Liebe Martina,
danke für dein Lob für unsere deutsche Ausgabe von »Bastard!!«
Die X-e für die etwas heikleren Stellen wurden aus dem Original übernommen. Du musst dir also keine Sorgen machen, dass bei uns irgendwelche Stellen gekürzt oder zensiert werden, wir

Jenny Harder, Bleckede

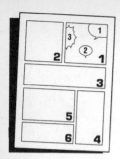

HALT!

Dieser Comic beginnt nicht, wie man an sich erwarten würde, auf dieser Seite! Denn BASTARD!! ist eine japanische Serie, und in Japan wird von »hinten« nach »vorn« und von rechts nach links gelesen. Weil wir bei Carlsen neue Manga so originalgetreu wie möglich vorlegen, werden die Abenteuer von Dark Schneider auch auf deutsch so erscheinen wie ursprünglich in Japan. Man muss diesen Manga also »hinten« aufschlagen und Seite für Seite nach »vorn« weiterblättern. Auch die Bilder auf jeder Seite und die Sprechblasen innerhalb der Bilder werden von rechts oben nach links unten gelesen – so wie in der Grafik oben gezeigt. Wer's ausprobiert, merkt schnell, dass das gar nicht so schwer ist wie man zuerst denkt.

In diesem Sinne:
Viel Spaß
mit BASTARD!!